꽃과 꽃이 흔들린다
임선기
시집

문예
중앙
시선
021

꽃과 꽃이 흔들린다

임선기
시집

문예
중앙

시인의 말

  마지막 여행지는 거제도였다. 바다의 끝이며 뭍의 끝에 신선대가 있었다.
  나는 인근 해변에서 신선대를 닮은 돌을 주워왔다. 그 돌을 보고 있으면 그 바다와 하늘이 펼쳐져서 그 언덕에 있는 듯하다.
  詩는 저 돌과 닮아 보인다. 그것은 경계에서 경계 없는 세계를 드러낸다. 가시권와 비가시권 사이에서 壽石처럼 세계의 본질을 現前하는 것 같다.
  나는 돌 하나를 집으로 가져오며 모르는 채 세계를 옮긴 셈이다. 경계 없는 세계가 돌을 따라 옮겨진 것이다.
  玩賞도 養石도 엄두가 나지 않는 마음으로 그저 경탄하며 바라볼 뿐이다. 오늘은 날빛이 좋았고 어제 새벽에는 閑麗에 비가 뿌렸다. 實景도 그러했는지 나는 내 방의 眞景에 물어본다. 유채는 아마 다 졌으리라. 그러나 나의 언덕에서는 한없이 흔들리고 있다.

차례

I부

너에게 1　13
너에게 2　14
너에게 3　15
너에게 4　16
너의 얼굴　17
너의 노래　18
풍경 1　19
풍경 2　20
풍경 3　21
景　23
나그네　24
近日　25
日月　26
구례에서　27
漁夫歌　28
편지　29
招魂　30
弔詞　31

2부

다가갈 수 없는 별　35

저녁 강변　36

이국에서　38

Out of place　39

눈〔雪〕의 처음과 끝　40

낭수티에서　41

오베르에서　42

그림 두 편　43

눈〔雪〕　44

경포 1　45

경포 2　47

바다　48

노래　49

겨울 1　51

겨울 2　53

창영동　55

고향　57

월미도　58

월미도에서 59

幼年 60

겨울 會津 61

3부

빗방울 65

물결들 66

가을밤 67

목련 69

숲 71

산책에서 72

강가의 아틀리에 74

파주에서 75

나의 가난 77

비의 文章 79

말 1 80

말 2 81

창가에서 82

시가 반짝이고 있다 83

당신처럼 천천히	84
최하림	86
시	88
Unchanged Melody	90
꿈	91
모순	93
한 장의 시	94

해설 **낭만주의 육각형 · 류신**   95

일러두기

한 연이 첫 번째 행에서 시작될 때는 > 로 표시합니다.

1부

너에게 1

얼굴이여
오 맨얼굴이여
그러나 너의 얼굴에는
밥풀이 묻어 있다
그리고 이곳에는 바람이 분다
이곳에는 바람이라는 것이 있고
순간이라는 것이 있다 하고
영원이라는 것은 자주 없다 한다
그래도 목련은 피고 지고
피고 지고
맨얼굴이여
오 보이지 않는
단순함이여

너에게 2

너는 작은 불빛
나그네가 문을 두드린다
바람은 옛 나그네
미투리가 끝이 없다
너는 작은 나무
작은 낙엽
덧붙일 무슨 말이 있어서
어제 새로 들어온 책들이
서점 유리창에 비치고 있다
나는 낙엽을 줍는다
낙엽의 문을 열고
낙엽의 말 속으로 들어가
불 끄고 눕는다
너는 작은 불빛
창에 비치는 구름 속에
'그'라는 말이 놓여 있다

너에게 3

  시장통 얼기설기 전선줄 어지러운 상가건물 사이 작은 하늘에도
  너는 있다
  너는 그러나 이튿날 그 김밥집에 앉아 들여다보아도 가뭇없다
  벌써 기억이고 물이 빠지고 있다
  앵두나무 아래 마당 위 자주 와 있던 하늘의 표정
  닭이 모이 쪼며 돌아다닐 때
  내려오고 싶어 하던 눈치가 있었다
  눈이 분분히 내릴 때
  앵두나무 아래 서 있던 네가 보인다

너에게 4

너의 눈동자 속 굽이굽이 정든 마을
검은 별빛
돌아다니는 물소리
겨울 장계
어둑한 외양간
희지도 않은 마을인데 하얗다
너의 풀어진 머리카락
끝없는 이야기 속
숨은 달빛
다시 태어나려는가 너의 눈동자 속 밤그늘
밤을 걸어도 만나지지 않는 겨울 눈빛

너의 얼굴

너의 얼굴은 겨울 산 산길이다
눈 그치고 나온 맨얼굴이다
눈 다시 쏟아지고 아득해진 절벽
옥잠화다
그 푸른빛 두 눈이다
흐린 하늘에 숨은 듯 비치는 붉은 기운이
가을날 잠자리 눈에 어릴 때
너의 얼굴은 멀리 달아났다가 다시 걸린다
하늘은 너의 얼굴의 관념
너의 얼굴의 숨 가쁨이다

너의 노래

너의 노래는 방 안 모서리 해가 들어 있는 곳에 온
겨울 눈발에 집중되어 있다
나는 그것이 아름답다고 본다 아름다움을 통과하여
너를 대면하는 것
그런 시의 업을 너에게서 본다
너는 겨울 창
밖에는 어제의 내가 회랑 끝을 본다
회랑 끝에는 잎들이 빽빽하고
금색 해가 앉아 철학을 듣는다
너의 노래는 죽은 철학자와 소요하며
나무에 앉아 통과하는 노래이다

풍경 1

눈이 내린다

눈 속에는

시인이 되어가는 소년이 있다

가야 할 나라가 있다

풍경 2

시간을 운구하는 손이여
오늘 아침도 스러지고
침상이 비었다
병에 꽂혀 있던 시간이여
창밖 눈[雪]을
물끄러미 보고 있었다
그리고 분수가 있는 사거리
커다란 꽃 속에서 보았다
시간이 질주하는 것을

시간을 운구하는 손이여
마름질하는 기억이여

풍경 3

이번 눈은 고요이다
7층 낮은 곳에서 보는 눈은
아주 먼 데서 누가 던진 기호처럼
그러나 옆이 다 터지고
흩어진 목소리처럼
고향 마을처럼
들려온다
마그리트의 신사처럼
우산 쓰고 내리다가
뼈 부러지는 소리가 나면서
이국 부두에 닿는다
몇 개 부러진 음
부러진 손가락
고양이처럼 날씬하게 내리는
비탈을 본다
고양이 한 마리 흔적도 없이 운다
젖은 몸으로 사랑을 불러오려는 듯
이번 눈은 고요이다

하늘은 멀리 가려던 시야처럼
후배지에 걸려 있다

景

가난한 친구와
시를 쓴다

말의 속
불목하니 되어

산은 여름인가
가을인가

정처 없는 물

말을 그치니
눈이 내린다

백지가 아름답다

나그네

明鏡처럼
돌에 온 얼굴

아득한 말이 모여서
숨 쉬고 있다

물소리
어둡고
밝은

그 겨울 은사시나무가
떨림이
저 숲에 있는가

숲은 어둡고
밝다

눈〔雪〕 속에서 바라본다

近日

한 방울 물속 하늘
지친 여름 잎의 어깨
부푼 구름을 뜯어
먹는 마음
백 년 넘은 학교의 푸른 담쟁이
달력 속을 종일 달리는 바다
내 기침 소리
머뭇거리는 너의 발걸음
입 다문 詩
에릭 사티의
바싹 마른 마당
떨어지는
여름 소리

日月

계림 근처
여름 들판에
유채꽃
목월의 시
경상도 가시내는
가시내고
문둥이는 문둥이다
가을 들판에
오지 않은 낙엽
마른 소리
바람결에 짙다

구례에서

산자락에 풍경이 있다
가다가 멈춘 사람
가던 길 가는 사람이 있다
넓은 햇볕
높고 낮은 모순이 있다
만월은 화엄에 걸려 있고
갑자기 시작되는 물소리
동그란 바람 손 붉은 나무
覺皇 주변에 보이고 있다
작은 정거장 표지판은 한겨울을 아랑곳하지 않는다
서 있는 얼음들
수돗가 수행자들
찬바람 든 아이들 뺨이 크게 보이며 지나고 있다

漁夫歌

물도 굽이
산도 굽이
새 네 마리 번져 날고
봉오리 사이 내리는 해
어부가 물 끝에 서서
지나는 새 본다
지나온 세월 본다
여기가 어딘가
돌아보면 적막이 가득
이름도 없고 뜻도 없는
옛 세계 같다

편지
— 아무르에서

이곳의 길에는
꽃이 없고
끝이 없고
길은 차라리 꽃을 멀리 한다

뙤약볕이 있고
외줄기 침묵만이 이어져 있다
너울거리는 연잎들
연꽃들과 갈 곳 없는 하늘들

아무르는 그런 곳이다
푸른 꽃이라고 말하면
벌써 붉은 꽃이다

招魂

너무 나무라지 말아요
이 들 앞에서 계절을 앉아 있으니

너무 나무라지 말아요
저녁이 짖는 이 들을 가로질러 지나곤 했으니

나는 여린 말에서 온 사람
너무 나무라지 말아요
숱한 밤을 지나 이제 환해졌으니

이곳은 갈 곳 없는 곳
마음이 위안입니다

너무 나무라지 말아요
그림자 쪽으로 지는 해를
지난날들을

弔詞

산문의 시대에
역설적이게도 그래서 시가 빛나는 시대에
이름 앞에 꽃 한 송이 올린다
산문적으로 그러나 꽃의 바람을 엮어서
음악 없이 음악을 줄이고
들판에 나가 흔들리는 꽃 앞에
올린다
죽음 가까이 그러나 죽음 아닌 고요가
머무르고 바람으로 움직이는 벌판
꽃과 꽃이 흔들린다.

2부

다가갈 수 없는 별

한동안 들은 너의 노래
사랑은 이가 아프다고
건물 꼭대기 소라 모양의 계단을 올라가면
하늘이 낮게 걸려 있던 창
가끔 오던 헬리콥터
한동안 네가 넘어서던 바다
또는 곡예
밤이 깊으면 더욱 푸르던 태양
아침에도 나의 사랑은 창이 없어서
너의 창밖에 빨래 너는 아가씨를 보고
커다란 빗방울을 보았다
구름 누르는 고양이를 보았다

저녁 강변

다시 강가로 갔을 때
강 위에서는 자꾸 의미가 생겨나서
바람은 함부로 불지 못하고 있었고
사람들
사람들은 강가에 모여 춤을 추거나
조용히 강을 보거나 강 속으로 뛰어들고 있었다
그리고 죽음이 홀로 혼자 남은 다리 위에 서서
그 오래된 노래를 다시 부르고 있었다
나는 아무리 걸어도 돌아올 수 없는 길 위에
있었던 것이다
너무 늦게 도착한 것일까
바람의 행렬은 건너편 버드나무 속에서
잎들을 흐느끼게 하더니 다시 길을 떠나고
나는 이상한 골목길에서 저녁을 그리고 있는 처녀를 만난다
그녀는 하염없이 저녁을 보고 있다 나는
언젠가 이곳으로 돌아오리라는 생각 속을 걷기 시작했다

저녁이 어두워져가고 있었다
어두워져가면서 마지막 불을
끌어 올리고 있었다

이국에서

파리 뽈 자크 거리
저녁에 뜬 별이 프로이트 박사의
여관에서
나오고 있다
건너편에는 해골 모양의 아파트가
한 채 기울어가고 있는데
발레리의 금빛 詩가
왼쪽 구멍으로 들락거리고 있다
고향에서 온 편지를 열면
패랭이꽃이 피어 있고
늙은 가수가 노래를 한다
돌아갈 날이 없다는 것이
때론 끔찍하다
그곳에서 희망은 오지만,
바람은 지금
너무 높은 곳에서 분다

Out of place

아버지는 이곳에 묻히고 싶어 하셨지만
마을의 오래된 사람들의 반대에 부딪히셨습니다
그래서 아버지는 세상 밖에 묻히셨습니다
우리는 아버지를 운구하여 그 세상 밖으로까지 다녀왔습니다
바람의 근원에서 우리가 돌아올 때는
아버지는 벌써 바람이 되셨습니다
세상의 모든 집을
지나고 계셨습니다

눈〔雪〕의 처음과 끝
— 본느푸아

눈의 처음은 어디 있는가
분수와 나뭇등걸
나무와 나무 사이를 걷고 있네

눈의 끝은 또 어디 있는가
언어와 언어 사이
조사 없는 언어의
동사와 부사 사이
눈은 불고
우두커니 바람은 서서

어디서 오는가 저 비둘기
순백에 분홍 입술을 가졌네
겨울 공원
오후
낯선 客의 말이 저만치 가다가
문득 돌아서서 바라보는

낭수티에서

나뭇잎과 나뭇잎 사이
반짝인다
저녁 물고 돌아오는 새
하늘이 반짝인다
거대한 나무는 말을 물고 서 있고
아이들이 물고 다니는 것은 추억이다
쓸 수 없는 것을 쓰려고
가끔 저녁을
바다를 얼렸다
다행히 달아나는 생이여
파닥이는 날갯짓에 묻힌
생은 시인가?
아무것도 향하지 않는 구름 끝은
불멸의 형식
겨울 오는 소리

오베르에서

가셰를 만나러 가는 길에
꽃이 피어 있네
철사를 타고 한 줄기
허공을 가다가
꽃이 피었네
아무 말 할 수 없네
공중 길을 가다가 나도
꽃이 되었네
마을 집들은 마음 들킨 얼굴로
어깨를 두르고 서 있고
공터 같은 아이들 장난치는 소리가
풍경에 있네
나는 말할 수 없네
驛숨에서
꽃과 내가 서 있네
저녁이 눈처럼 내리네

그림 두 편

지붕 위 눈
짧은 굴뚝
닫힌 창
옛날 하녀의 방
혁명의 소리
계단을 내려가는
겨울 해.

너의 그림
시베리아 어드메
검은 線들의 집
네가 기르는 고양이 러브
온통 슬픔이더니
어느 날 선물 포장지 속
밝은 너울 셋.

먼 곳의 불빛

눈〔雪〕

기다려 내가 아닌 내가
너를 기억하고

거기 아침에 서 있을게.
고운 모래

밤이 내렸다 사라진 자리
너는 말했지

어느 밤 들판
묻혀 있던 불

기다려
오늘은 내일의 다른 말

검은 나무
검은 목소리

경포 1

송림 너머
나는 저것이 무엇인지 모른다
저녁 새 떼
군무
나는 저것을 하나의 외로움으로 부른다

철없던 바다에서
저녁 바다까지
이백 년 전
구름을 넘어가던 산
골짜기에서
이곳은 북촌이었다

어머니 바다
지는 산 구름처럼
날아가고 싶던 이곳

두 눈 푸르게 멀어야 보이는

나는 바다만을 보고 있다

경포 2

오늘도 너는 거울을 보여주지 않는다
나는 일그러진 얼굴을 펼 수가 없다

어떤 밤이 있어 너는
거울을 보였는지 모른다

이곳에 있지 못한 태양은
밤이 되었다

돌 같은 파도가 떨어지고

기다릴 수 없는 사정이
내게는 있다

사랑이란 말이 아직 없던 때를
묻고 있다

바다

바다는 영혼과 영혼의 만남의 형식이다
거기에는 아무것도 없다
봉변당한 얼굴의 바람이 있고
나체의 해변이 있지만
바다는 영혼의 방정식이다
그 바다에 손을 짚고
누가 일어선 적이 있다

노래

눈이 내리겠지
두고 온 바다
해송은
눈을 잠시 이겠지
몹시도 차가운 바람과는
사랑도 하겠지
오래 걸어 들어가던 바다
아주 가지는 않고
어느 지붕 처마에서
다시 만나겠지
작은 창문 안에는
할머니와 손주가
겨울 무를 깎으며
세월도 없는 듯 앉아 있겠지
눈이 내리겠지 그곳에도
들리겠지
눈은 그곳으로 가는
문턱

세상으로 향하는
바다는 들리겠지
내가 듣는 이 노래
밤바다
누가 아직 밟고 있는
여운

겨울 1

처마 밑에
시래기 다람이는
나도 보았소

길바닥에
말똥 동그라미는
나는 모르오

겨울에 눈이 오면
북망은 어떻소

눈도 날아가는 곳

개똥밭은 지금
그림자를 보는 거요

험난한 계곡길이

앞에 펼쳤소

- 1936년의 「겨울」을 읽고.

겨울 2

바람이
서글피 울다 떨어진다

새 한 마리
나무 꼭대기에서
슬퍼 보인다

거울이 내 속에서
바스락거린다

거울 속을 어제의 바람이 간다

길 하나가 크게 소리 내며
쏟아지고

나뭇가지가 은색 잎 하나를
건네준다

＞ 내가 그 속에서
　 고향을 보고 있다

창영동

고향은 갑문
추억이 시간을 하역하면
말은 시간을 물고 항구를 난다
좁은 비 오고
성성한 저녁이 오면 선술은 차고
이단교도들은 서로 발을 씻어준다
노란 십자가가 비탈로 긴 그림자를 떨구는
철로에는 거적이
죽은 자의 시간을 감돌고 있는데
실 돌아가는 소리
방적 기계가
앉은뱅이 부부의 사랑을 엮고 있는

고향은 갑문
따뜻한 눈이 내리고 지붕 위 아버지의 산책이 위태로운
그곳은 고양이 달이 뜨는 밤
타전할 수 없는 병사가 쓰러진
밤은 어둡지 않고

모여 있으며
다만 달빛의 날카로운 날이 무수히 떨어져 있다

고향은 갑문
추억을 풀어주고 제가 먼저 먼 바다로 가서
눈이 퉁퉁 불어 새벽이면 돌아온다

고향

외로이 서 있던 은행나무 한 그루
잊을 수 없어라
양철 지붕들
고요하던 마당 징검돌들
할머니 한 분 은행나무 옆에 서 계시던 것
불던 바람
은행나무에서 내리던 비
그 골목
우물이 살던 집의 내력을
듣던 밤을
잊을 수 없어라
무슨 까닭인가
새벽 요비링 소리
잊히지 않고
잊을 수 없어라

월미도

바닷가에 서 있던 카페는
바다로 들어가버리고
남은 카페 속으로 들락거리던 것은
허무였다

바다에
종일 내리던 눈

허무가 넓은 창 너머로 보던 바다는
바다였을까
다른 生으로 부지런히 건너가던 바다를
부지런히 창은 받아내고 있었다

나는 목이 메어 울고 있었다

월미도에서

바다는 보이지 않고

대낮인데
별 하나 높이 떠서

먼 데 본다

고동이 피었다 지고
돌로 만든 머리카락이 날린다

바다를 잊지 못한 바람이
창에 부딪치고,

가슴속에는
핀 하나가 놓여 있다

幼年

어느 날 받은 편지에서 처음
思索이란 말을 들었다
붉은 벽돌로 지은 예배당 마당에서
순정한 사랑도 보았다
십자가에 매달리신 분은 겨울에도
눈을 맞고
순수해지곤 하셨다
먼 곳에서 모든 것을 포기하라는
말씀이 들렸다
유다 청년은 풀이 죽어
달아나곤 하였다

겨울 會津

詩店에
도착하였다

검은 배나무 숲
공판장을 지났다

담장에 마른 동백
無常이라는 生動

榮山에
말이 목을 축인다

동구에는
별리가 어룽거린다

묵정밭 너머
글씨가 고요하다

3부

빗방울

수줍음이 모여 이루어진 城에
아름다운 것을 많이 본 아이가 산다
창이 없어 외로운 나날이지만
가끔 새가 놀러 온다
상처를 입어도 영롱하고
깨진 조각들이 고운 입술이 될 때까지
뿌리 없이 마른다
겨울에는 난바다까지
아픈 태양이 뜬다

물결들

창에 한 그루 나무.
창이 뒤척일 때마다
물결이 된다
저녁은 풍경을 치고
풍경은 환하게 수돗가 떠놓은 물을 친다
숲도 모두 물결이 된다.
겨울의 겨울까지는
얼마나 먼가
물결과 물결 사이만큼 먼가
저녁이 되니
장미꽃들이 별을 따른다

가을밤

밤이 깊었다
교정에는 은색 이파리들이 반짝이고
아무도 없는데
바람이 불고 있다

먼 산 위로 푸른 하늘
카시오페이아가 선명하다
어떤 신화를 지어 저 별에 붙일까
굉장히 두근거리는 별 하나와
마주 본다

교정에는 비탈길이
넘어져 흐르고
비탈길 하나가 쏜살같이 흘러가고
비탈길 하나가 시내처럼
흐르고 있다

허리까지 차오른 시내를

몸에 별이 박힌 사내가
휩싸여 내려가고 있다

목련

길 하나에서
봄이 오고
이제는 초록이 둥글다
일 년을 기다린
꽃은
비탈이 되었다

너도 내게는
목련이다
대추나무로 만나게 될
바람 부는 집

스스로에서 온 길이
서늘한
나는 너의 속에 잠시 머물러본다

다시 기다릴까
환한 빈터를 달고

마주치지 않던 너를

누가 갑자기 툭 치는 그 손을
누가 바람이라 불렀나

숲

숲에서 울고 있다 인간이 떠나가는 건지
역사가 떠나가는 건지 운명이 그러한 건지
서글피 간절하게 울고 있다
아무리 납이 되어버린 마음이라도 저 울음 앞에서는
떠나지 못하겠다
떠나지 말라고, 기도하는 마음이 된다

산책에서

그대 九月에 떠 있던 별
요즘은 배롱나무에 떠서
나의 피곤과 사랑을 비춘다

어제는 딸아이와 樹話에 갔었다
기좌도의 물방울들과 달항아리
뉴욕과 파리에 갔었다 애잔한
그림 편지들에도

그대 아직은 이따금 나의 이마 위에서 떨고 있는 별
몇 억 광년은 떨어진 곳에서 이미
소실되었을지 모르는
그대는 그런 시간을 거쳐서 와 있다

뜨락에 풀 몇 포기
딸아이와
오후 5시경 창에 어린 그림자
몇 억 광년을 가면 그대가 되어 떨고 있을 별의

손을 잡는다

그대 구월에 떠 있던 별
오늘은 현관 옆 가느다란 꽃의
그늘 위에 떠 있다
정문이 열려 있고
樹香이 내려와 있다

강가의 아틀리에

그 아틀리에는 아직
지어지지 않았으므로
기대하였다

그 아틀리에는 지어지면서
무너지기 시작했다

뜰이 보이는 그 아틀리에는
비에 젖고 있었다

강가에는 안개가 피어 있다

예봉산 자락에서
구두에 진흙이 달라붙었다

구상에서 추상으로 건너가는데
달이 따라온다

파주에서

저녁 버스에는
늦은 시간이 탄다

몸에 들어 있는
지나온 길
흐린 빛에 반짝인다

복숭아가 들어 있는 봉지도
반짝인다

창은 나뭇잎 창
벌판으로 創이 내리꽂힌다

나는 들에 간다
나를 가로질러 간다

저 여인은 나의 어머니
이녁은 죽음이 떠도는 별

>
　눈물에 부르튼 눈빛이
　차창을 건너온다

　손에 쥐었다 나비처럼
　날려 보낸다

나의 가난

나의 가난은 자주
들길을 걷는 편이다

잎 많은 나무 아래 살고 있으며,
나를 지켜보고 있으며
쓸쓸해하기도 하는 편이다.

나의 가난은……
가을에 깊은 겨울을 보는 영혼
너는 그리웁다

지금 바람의 근원에서
시작하는 詩는 찬연하고
어두웁다.

나는 가장 깊은 겨울을
4월에 생각할 뿐이다

\>

(그것은 그러나 상상 속에만 있다)

비의 文章

비 온다
언제나 첫 비
가슴에서 오는 비는
언제나 첫 비다
새벽에 어둠에
대낮처럼 멀리 떨어지는 비
불 켜지 말고 들어야 듣는 비
온다
이 시각 누가 비탈을 오르는가
비탈이 비탈이 되는 이 시각
다시 빗소리
혼자 아득한 곳을 가고
세상의 모든 차양을 두드리면서도
단 하나의 차양을 위한 비
온다
사랑의 定意는 사랑에
오래 있어야 한다

말 1

너는 말을 꺼내어준다
말은 납작하고 둥글다
때가 묻어 있다
닦을 겨를 없이
흩어진다

지나가는 말이
최선이다
그 말은 등록되지 않는 말이다
그것은 내리는 눈
눈을 받는 창과 거리
창 속에 비친 나의 얼굴
돌아오지 않는 순간 같은 것

너는 말을 꺼내어
겨울나무에 비추어 본다

말 2

이 말은 봉지에 싸서 한 계절 두어야 할 것 같다
7번 국도 사과나무 한 그루에 부탁하고 내년쯤
돌아와야 할 것 같다
그것은 푸른빛이 나다가 어떤 빛을 향해 조금씩 자라
나리라
무엇도 내가 될 수 없는 地上에서 잠시 내려
말을 싸서 국도 변으로 간다
언젠가 그대 발목에 잠시 모여 있던 빛
그것이 사랑이라고 해서 여기 이 말에 담아 보낸다
상처 많은 창으로 보던 세상
저녁의 회랑과 돌기둥들 가지에서 필 때 소식 다오
돌아오기 위해 떠나는 말이 있다

창가에서

그대 다시 먼동에서
고개 숙인 나무들처럼
내려오는 길들처럼
순하디순한 양들처럼

말 없음을 건너서
씨앗들의 땅으로
어제도 떠나지 못한 구름에서
먼 옛 城의 부재함으로

발목까지 빠지는 숲과
관목 숲 지나
들길에서,
수줍은 민들레처럼

다시 돌아오고 있다

시가 반짝이고 있다

시를 만나면 시간은 멈추고
마침내 너의 웃음을 만나면
시간의 바깥이 들판으로 오고
들판 가득 그림자 내려와
저녁이 춤추고
시를 만나는 날은
길가
어둠 속에 둘이 앉아 아무 말 없이
시간이 천천히 흐르며 바라보고 있을 때

당신처럼 천천히

시가 오지 않은 날 시를 생각하며
시를 부른다
무슨 의미인지 모르는 풍경이 떠오른다
무슨 시가 있어서 그 풍경이 오는 것일까
견딜 수 없는 무엇이 있어서도 아니다
어떤 창이 있으나 투명해서 보이지 않는다
다만 그곳에서 서성이던 나를 닮은 것들
사랑으로 떠나기 전 어떤 미미한 슬픔이
배어 있는가
기억나지 않는 날이 많다
기억나지 않는 순간들이 많아서
이제는 내가 강물인가 한다

시가 오지 않는 날은 시에 대하여
기억에 대하여 보이지 않는 순간에 대하여
쓰는 날이다
다시 기억나지 않을 것이다
돌아가는 길 모름으로

다시 기다릴 것이다 당신처럼 천천히
고개를 돌릴 것이다

최하림

북한강이 보이지 않는 길을 달려
먼 마을에 도착했다
가는 길에 고기 몇 근 끊고 술 조금 사고
시인 몇이 진창을 지나 시인 집 앞에 내려
몽골이며 나비며 지난봄 나타났던 뱀과 굴뚝 속 새집
흐트러짐 없는 말의 조용한 향연 속에 들었다 잠이 들었다
낡은 서가에는 적은 책들
시가 쓰여 있던 서류봉투
무엇보다 텃밭의 콩잎들과 집 앞을 흘러내려가던 개울물이 기억난다.
문상이 이어지던 때 나는 남도에 있었다
지리산 자락에서 어린 새끼들을 구경시켜주고 있었다
시인은 편안히 가셨을 것이다 그날 그 집의 넉넉하던 지붕처럼
떠나는 제자들에게 인사하던 지붕처럼
푸른색이고 비 갠 듯하실 것이다
다만 사이에 개울이 지나고 노란 꽃병들이 놓여 있고

창과 풀들이 있을 뿐
 시간을 잠시 멈출 수 있을까 마음을 멈출 수 있을까
 마음을 잠시 멈춘다
 시가 그것을 가능하게 하리

시
— 미자의 노래

시는 어디에서 오나요
시는 찾아가는 건가요 저렇게
창이 흐리고 비가 내리는데
시를 찾을 수 있나요
가라앉았던 먼지가
몇 줄이 되어 빨래처럼 널리는
행복한 시는
강가에서 가슴 온통
먹먹해서 말할 수 없을 때를
꿈꿀 수 있을까요
넓은 나뭇잎들이 소리 내는 때는
무척 적었습니다
그늘에서는 미동도 들리지 않고
후회에 싸인 날들이 있었습니다
시는 어디에서 오나요
천둥처럼 주위가 고독해지고
드디어 백지처럼 내가 놓일 때
당신은 쓰실 건가요

시는 유서 같아서 살구 떨어지듯
붉은 꽃 떨어지듯 당신 죽음에
흘러가면 들리는 건가요
아 나는 언제 언어에 말을 다는 날들이
무너지고 당신 곁에 가만히 있을 수 있을까요
고통 없이
그립습니다

Unchanged Melody

시간의 섬에서
들리지 않는 노래여
이슬을
기억하는 마음이여
바다의 멜로디는
마음이어라
문밖에서 오는 노래여
어둠이면 오래 어둠이고
흐린 날이면 오래 흐린 날이어라
가슴 깊이 묻힌 너는
花冠이 필요치 않으리
바람은
어제 부는 바람 같아라

꿈

비에 젖은 나비가
새벽 문을 두드렸다
차양에는 비 떨어지는데
나비는 곤히 잠들었다
나는 날개를 접어 말려두었다

꿈에 눈을 보았다
사람들은 아주 높이 올라갔으나
그 눈까지는 갈 수 없었다

마을에 검은 밤이 넘어온 적이 있었는데
환한 눈 때문에 밤은 물러서고 말았다

나는 잠을 청한다

겨울 공원으로 갈 것이다
바스락거리는 나무가 있고
아이들의 얼음판이 있는

> 나는 손을 건네리라
　함께 걸으리라

모순
— 돈 보스코 사제관 신부님들에게

그의 삶은 모순이었고
詩도 그러합니다
삶에는 우연과 사건이 있고
모순이 있습니다
나무처럼 그렇지요?
가까운 묘원의 나무는 흰색인데
검은색입니다
나는 등을 돌리고 걷는데
앉아 있습니다
머물고 있다는 말이 적혀 있습니다

한 장의 시
— 마그리트

한 장 나뭇잎이 서 있다
나뭇잎은 벽
나무는 벽에 금이 되어 서 있다
나무 근처
벽에 금을 낸
둥근 돌이 놓여 있다
징검돌을 걸어가면 들판
커튼이 쳐져 있다
커튼을 열면 어디론가
갈 수 있을 것 같다

해설

낭만주의 육각형
(Romanticism Hexagon)

류신 · 문학평론가

여기 꿈꾸듯 내리는 눈을 하염없이 맞고 서 있는 한 소년이 있다. 설원의 절대고독 속에서 시나브로 시인이 되어가는 아이가 있다. 이 소년이 마음에 품은 나라는 낭만주의 설국(雪國)이다. 아마도 이런 곳이리라. "국경의 긴 터널을 빠져나오자, 눈의 고장이었다. 밤의 밑바닥이 하얘졌다."(가와바타 야스나리, 『설국』)

눈이 내린다

눈 속에는

시인이 되어가는 소년이 있다

가야 할 나라가 있다

—「풍경 1」 전문

이 단출한 풍경은 임선기 시인의 두 번째 시집 『꽃과 꽃이 흔들린다』의 주제를 입체적으로 재현한다. 하얀 눈은 순결하고 소년은 순수하다. 눈은 리듬을 타고 지상으로 소복이 내려앉는다. 소년은 먼 곳의 별빛을 동경한다. 눈 속에 파묻힌 소년은 깊은 내면으로 침잠한다. 이제 소년은 겨울 나그네가 되어 긴 방랑을 시작할 것이다. 그렇게 뽀드득 뽀드득 걷고 또 걷다가 온 길을 회상하고 갈 길을 전망하기 위해 잠시 멈춰 설 것이다. 그렇다. 이 한 폭의 그림 같은 풍경은 1) 순수, 2) 리듬, 3) 동경, 4) 침잠, 5) 떠남, 6) 머무름이란 여섯 가지 낭만주의의 본령을 농축한 시이다. 꿈과 낭만의 상징인 눈의 왕국으로 입성하려는 임선기 시인의 시세계는, 기하학적 상상력을 동원해보면, 육각별 모양의 '눈의 결정체'를 닮았다. 임선기 시학의 내부 구조는 정연한 육각형이다. 이제부터 '낭만주의 육각형(Romanticism Hexagon)'을 구축하는 여섯 꼭짓점의 함의를 탐색해 보자.

순수

> 지각의 문이 깨끗이 닦이면
> 모든 것이 무한한 것임이 드러나리라.
> ─ 윌리엄 블레이크, 『천국과 지옥의 결혼』

 임선기의 시는 순수를 노래한다. 그렇다고 시인이 속세의 때가 묻지 않은 영롱한 아침 이슬을 찬미하는 것도, 해맑은 동심의 세계를 예찬하는 것도 아니다. 그가 추구하는 순수함은 종교적 결벽주의와도 무관하고, 현실논리에 눈감은 탐미주의적 성역과도 거리를 둔다. 당겨 말하면, 그가 동경하는 세계는 아무것도 씌어 있지 않은 백지 한 장 위에 수줍게 맨얼굴을 드러내는, 세상에서 가장 단순하고 가난한 언어이다. 세 차원에서 살펴보자. 첫째, 시인의 언어는 부차적인 사념의 가식이 제거되어 간명하고, 복잡한 수사적 꾸밈이 벌채되어 단정하다. 이 시집에 출몰하는 맨얼굴은 언어의 시원에 대한 시인의 지향이 투사된 기표이다.

  맨얼굴이여
  오 보이지 않는
  단순함이여
            ─「너에게 1」 부분

"얼굴은 보편적인 것이 아니다. 얼굴은 본성상 전적으로 특수한 관념이다."(『천개의 고원』) 얼굴의 잉여성을 철학적으로 사유한 들뢰즈의 말이다. 얼굴은 다른 신체 부위와는 다르게 기능한다. 얼굴은 관념이다. 얼굴은 눈, 코, 입이 있는 앞면에 특정한 의미가 덧붙은 잉여적 존재인 것이다. 예컨대 그리스도의 얼굴은 신성이 현전하는 종교적 성소이며, 걸그룹 〈소녀시대〉의 얼굴은 자본주의의 욕망이 집적된 대중문화의 물신(物神)이다. 이런 맥락에서 시인이 맨얼굴의 '너에게로' 가고 싶어 하는 이유를 짐작할 수 있다. 단순함에 대한 시인의 예찬은 기성의 의미로 분칠되지 않은 "순하디순한 양들처럼"(「창가에서」) 천진한 언어, 이데올로기와 자본에 의해 도용되지 않은 언어의 처녀성에 대한 갈망의 표현인 것이다. '너의 얼굴'에 대한 시인의 구체적인 상상을 보자.

> 너의 얼굴은 겨울 산 산길이다
> 눈 그치고 나온 맨얼굴이다
> 눈 다시 쏟아지고 아득해진 절벽
> 옥잠화다
>
> ―「너의 얼굴」 부분

'너의 얼굴'은 어떤 발자국도 찍히지 않은 눈 덮인 산길이요, 단정하고 검소하여 백학석이라 불리는 옥잠화이다. 설원의 고독 속에서 진아(眞我)와 마주치는 서늘한 인식의 숫눈길이자, 말이 샐까 입술을 야물게 닫아걸고 다소곳이 핀 옥잠화의 침묵의 문향(聞香)인 것이다. 이렇게 한없이 단순해지고 가없이 투명해진 명경(明鏡) 같은 너의 얼굴 위에서 낭만주의 전령사인 "아득한 말이" 호흡한다.

明鏡처럼
돌에 온 얼굴

아득한 말이 모여서
숨 쉬고 있다
—「나그네」 부분

'아득한 말'은 결코 완성될 수 없는 시에 대한 은유이다. 독일 언어철학자 헤르더는 말한다. "언어란 인간이 갖고 있는 능력의 가장 경이로운 창조물이면서 동시에 인간 본성 자체가 깃든 결코 완성되지 않은 위대한 시다."(『언어의 기원에 대한 논거』) 시는 언어를 매개로 빚어진 아름다운 항아리가 아니다. 시는 언어와 함께 언어 속에서 호흡하는 순정한 얼굴이다.

둘째, 관념의 허장성세를 배격한 언어는 가진 것이 없다. 그래서 현실논리에 의해 오염되지 않은 처음의 언어, 세상에서 진정 윤리적인 언어는 가난할 수밖에 없다. 언어에 대한 극도의 절제는 첫 시집 『호주머니 속의 시』에서부터 천착해온 '적빈(赤貧)의 시학'과 연결된다. 어느 팔레스타인 시인의 시를 옮겨 적어 호주머니 속에 넣고 다니며 꺼내 읽는 시인은 "세계의 구석 어느 어둠 속에서 / 흐느끼던 // 시의 소리"(「호주머니 속의 시」)를 들었다. 모름지기 시는 연단이나 광장에서 공표되는 것이 아니라는 생각, 시의 전언은 세상에서 가장 작고 후미진 자리(호주머니 속)에서 잔잔히 세상으로 울려 퍼진다는 것이 시인의 소신이었다. 호주머니의 상징성은 이번 시집에서는 불목하니의 이미지로 변용된다.

　　가난한 친구와
　　시를 쓴다

　　말의 속
　　불목하니 되어

　　산은 여름인가
　　가을인가

정처 없는 물

　　말을 그치니
　　눈이 내린다

　　백지가 아름답다
　　　　　　　　　　　　　　　―「景」 전문

　불목하니는 절에서 밥을 짓거나 물을 긷고 승방에 군불을 지피는 등 온갖 허드렛일을 맡은 사람이다. 시인은 스스로 "말의 속/불목하니"가 되기를 자처한다. 세상에서 가장 "가난한 친구"와 함께 정성을 다해 언어의 공양을 짓고 싶어 하는 것이다. "산은 여름인가/가을인가"라는 시구가 대변하듯 흘러가는 시간을 굳이 붙잡으려는 열망도 집착도 없다. "정처 없는 물"처럼 시간의 흐름을 주체의 아집과 관념으로부터 자유롭게 풀어놓는다. 그 순간 기지(既知)의 언어는 작동을 멈추고 미지(未知)의 언어가 축복처럼 내리기 시작한다. "말이 그치니/눈이 내린다". 시인이 동경하는 적빈의 언어가 지향하는 목표점은 모든 만물이 벌거벗은 '깊은 겨울'이다. 그래서 시인은 노래한다. "나의 가난은……/가을에 깊은 겨울을 보는 영혼/너는 그리웁다"(「나의 가난」). 가난한 언어가 그리워하는 '너'는 설원이다. 눈 덮인 들길이다. 하얀 백지 위다. 순수한 빛으로 충만한 이 시원의 풍경이 임선기 시의 장소의 정령(genius loci)인 것이다. 시의 제목이 '경(景)'인 소이연은 여기에 있다.

셋째, 백지에 대해 이야기할 차례이다. 백지는 순수하다. 아무것도 기록되지 않았기에 훼손되지 않은 순결한 영토이다. 기성의 의미에 의해 오염되지 않는 시심은 아무것도 씌어지지 않은 종이에 비유할 수 있을 터이다.

> 시는 어디에서 오나요
> 천둥처럼 주위가 고독해지고
> 드디어 백지처럼 내가 놓일 때
> 당신은 쓰실 건가요
> ―「시―미자의 노래」 부분

시 쓰기의 전제조건은 자의식의 영도(零度) 상태라는 시인의 낭만주의 시론을 확인할 수 있는 대목이다. 여기서 주목해야 할 장면은, 백지 위에 시인이 시를 쓸 때 시가 완성되는 것이 아니란 점이다. "아 나는 언제 언어에 말을 다는 날들이/무너지고 당신 곁에 가만히 있을 수 있을까요"(「시―미자의 노래」). 시인이 언어를 부리기보다 자신의 마음을 투명하게 닦을 때, 비로소 "당신"이

현현할 수 있다. 따라서 백지는 텅 빈 허무의 늪이 아니다. 오히려 백지는 무한한 변형과 자기 실행의 미래를 자신 안에 충전하고 있는 잠재태이다. 비유하자면 말레비치(K. S. Malevich)가 그린 '무한의 백색'이다.

임선기의 시세계에서 백지는 눈동자의 이미지로 변용된다. 눈동자는 세계가 수렴되는 소실점이다. 마을, 별빛, 물소리, 외양간, 달빛, 밤그늘, 겨울, 눈빛 등이 눈동자 속에 담겨 오롯하다. 요컨대 눈동자는 낭만주의의 대표적 심상들이 거주하는 이미지의 무진장이다.

> 너의 눈동자 속 굽이굽이 정든 마을
>
> 검은 별빛
>
> 돌아다니는 물소리
>
> 겨울 장계
>
> 어둑한 외양간
>
> 희지도 않은 마을인데 하얗다
>
> 너의 풀어진 머리카락
>
> 끝없는 이야기 속
>
> 숨은 달빛
>
> 다시 태어나려는가 너의 눈동자 속 밤그늘
>
> 밤을 걸어도 만나지지 않는 겨울 눈빛
>
> ―「너에게 4」 전문

눈동자 속에 세계를 포섭하려는 시인의 태도는 영국 낭만주의 시인 윌리엄 블레이크의 「순수의 전조」를 연상시킨다. "한 알의 모래 속에서 세계를 보며/한 송이 들꽃에서 천국을 본다/그대 손바닥 안에 무한을 거머쥐고/순간 속에서 영원을 붙잡는다". 그렇다. 너의 눈동자는 세계의 심상을 담는 주발이자, 무한한 서사가 함축된 원란(源卵)이며, 순간 속에서 영원을 붙잡는 눈빛이다. 세상에서 가장 작고 투명한 일점! 이 한 방울 물속에 전세상이 깃들어 있다. "한 방울 물속 하늘"(「近日」). 세상에서 가장 조그맣고 연약한 성채! 이 빗방울 안에 시인이 되고픈 아이가 거주한다. "수줍음이 모여 이루어진 城에/아름다운 것을 많이 본 아이가 산다"(「빗방울」).

살펴보았듯이 시인은 언어적 차원에서 순수의 시학을 모색한다. 「말 1」은 시인이 표방하는 시로 쓴 시론(ars poetica)으로 손색없다.

> 너는 말을 꺼내어준다
> 말은 납작하고 둥글다
> 때가 묻어 있다
> 닦을 겨를 없이
> 흩어진다

지나가는 말이

최선이다

그 말은 등록되지 않는 말이다

그것은 내리는 눈

눈을 받는 창과 거리

창 속에 비친 나의 얼굴

돌아오지 않는 순간 같은 것

―「말 1」 부분

   나의 요청에 의해 네가 골라준 기성의 언어는 사절이다. 이 언어는 현실적 필요성에 의해 그 가치가 이미 탕진됐기 때문이다. 그러나 나의 필요와 무관하게 무심코 지나가는 언어는 환영이다. 이 등기되지 않는 언어는 눈처럼 순수하다. 타락하기 이전의 '아담의 언어'처럼 순백하다. 바벨탑 붕괴 이전의 시원의 언어를 비추는 금욕적 유심(唯心)의 창은 투명하며, 이 언어의 세례를 맨얼굴이 받는다. 눈처럼 내리는 순수한 언어와 눈맞춤하는 눈빛. 눈(snow)을 보는 눈(eye). 바로 이 순간이 시작(詩作)의 시작(始作)이다. 찰나에서 영원이 열리는 "돌아오지 않는 순간 같은 것"이다.

   그렇다면 시인은 왜 그토록 순수한 언어를 희구하는가? 이는 현실도피적인 낭만적 동경이 아니다. 오히려 현실에 대한 반성적 성찰의 소산이다. 목하 우리 시대의 언어는 지금 심한 몸살을 앓고 있다. 격한 목소리로 거짓말을 일삼는 정치인들의 입속에서, 온갖 미사여구를 동원해 진실을 왜곡하는 언론의 펜 끝에서, 원색적인 허사를 앞세워 욕망을 부추기는 사이버스페이스에서, 우리의 언어는 끊임없이 비틀리고 전도되고 조작되고 거래된다. 자본에 의해 정복된 치욕의 언어, 이데올로기에 의해 훼손된 불구의 언어, 그래서 더 이상 진실을 투망할 수 없는 언어. 이 타락한 언어의 잔해 위에서 임선기 시인은 순수한 언어의 성채를 복원하고 있다. 그의 비정치적 시가 은밀한 저항적 정체성을 획득하는 지점은 여기이다.

리듬

> 저기 한없이 꿈을 이어가는 모든 사물들
> 그 안에는 저마다 어떤 노래가 잠자고 있지
> ―아이헨도르프, 「시」

임선기의 시는 리듬을 타면서 율동을 노래한다. 두루 알다시피 낭만주의자들은 시의 언어를 현실의 의미를 구현하는 제한된 범주에서 이해하지 않고, 초현실적인 것, 초감각적인 것을 계시하는 기호와 음으로 구성된

'작은 우주'로 보았다. 이 소우주의 숨결이 시심의 현을 탄주한다. 따라서 낭만주의 시학의 주요 목표는 언어의 근원에 내재한 리듬을 청취하고 채록하는 것이다. 리듬은 육체 없는 언어의 가장 깊숙한 내부 영혼이며, 세계는 이 멜로디가 육화(肉化)된 현상이라는 것이 낭만주의자들의 기본 입장이었다. 음악을 언어의 뿌리이자 세계의 근원으로 파악하려고 했던 셈이다. 같은 맥락에서 낭만주의 이론을 정초한 슐레겔은 시적 리듬의 근원성을 걸음걸이, 심장의 고동 등 인간 육체의 생리학적 기능에서 도출했다. 임선기에게도 리듬은 인간 사유의 산물이 아니다. 리듬은 자연현상과 인간영혼에 근원적으로 내재된 '관계의 피드백'이다.

> 창에 한 그루 나무.
> 창이 뒤척일 때마다
> 물결이 된다
> 저녁은 풍경을 치고
> 풍경은 환하게 수돗가 떠놓은 물을 친다
> 숲도 모두 물결이 된다.
> 겨울의 겨울까지는
> 얼마나 먼가
> 물결과 물결 사이만큼 먼가

저녁이 되니

장미꽃들이 별을 따른다

―「물결들」 전문

세계는 보이지 않는 리듬으로 내밀히 기맥을 통한다. 사건은 리듬이 네트워킹되는 현장이다. 시인이 감청하는 가락에 귀 기울여보자. 유리창에 비친 한 그루 나무가 어룽거린다. 나무와 창이 함께 호흡한다. 이 현상을 시인은 의인법을 통해 표현한다. "창이 뒤척일 때마다/물결이 된다". 이제 시적 자아의 청각은 창 너머를 톺는다. 저녁과 풍경을 듣기 시작한다. 저녁은 풍경의 배후가 아니다. 오히려 저녁의 아우라가 풍경을 터치한다("친다"). 저녁과 풍경이 연동되는 순간이다. 해 질 녘 풍광은 수돗가의 물에 잔잔한 파랑을 일으키고, 숲의 나무에 달린 수많은 잎사귀들이 수런거리며 뒤척이게 만든다. 물과 나무가 세계의 근원에서 메아리치는 리듬을 타며 혼융(混融)되는 순간이다. "풍경은 환하게 수돗가 떠놓은 물을 친다/숲도 모두 물결이 된다". 여기서 시적 자아는 가장 낭만주의적인 질문 하나를 던진다. "겨울의 겨울까지는/얼마나 먼가/물결과 물결 사이만큼 먼가". 시적 자아가 가닿고자 하는 겨울의 본향("겨울의 겨울")에 대한 무한한 동경의 심리적 거리를 현상과 현상 사이의 내재율("물결과 물결 사이")로 치환하고 있다.

현실과 이상의 간격을 채울 수 있는 유일한 가능성은 꿈이다. 저녁 하늘에 총총히 박힌 별들의 모태가 지상의 장미꽃이라는 시적 몽상("장미꽃들이 별을 따른다")을 통해 낭만주의의 밤하늘이 돛을 올리는 것이다. 이 몽상의 범선을 움직이는 동력은 세계내재(Weltimmanenz)적 리듬이다. 유리창과 나무, 저녁과 풍경, 물과 숲, 천상과 지상을 잇는 보이지 않는 음악인 것이다. 따라서 물결들은 꿈의 동선이자 몽상의 파동이다. 이 리듬을 청취할 수 있을 때 세상은 꿈이 되고 꿈은 세상이 된다. 일찍이 낭만주의 시인 노발리스는 썼다. "지상의 장미가 타고 남은 재는 천상의 장미가 피어나는 흙이다. 우리의 저녁별은 대척지에 사는 사람들의 새벽별이 아닐까?"(『밤의 찬가』) 여기서 임선기 시인은 한 발 더 나간다. 시인은 장미꽃과 별 사이의 아득한 거리가 이렇게 통정하도록 만든다. "장미꽃들이 별을 따른다". 낮 동안 장미꽃 속에서 숨어 있다가 밤이 되자 하늘로 유출되는 빛의 알들! 장미꽃이 별을 따를 땐 어떤 소리가 날까?

아마도 프랑스 신고전주의 작곡가이자 피아니스트 에릭 사티(Eric Satie)가 연주하는 〈짐노페디(Gymnopedie)〉의 청명한 음색과 유사하지 않을까? "입 다문 詩 / 에릭 사티의 / 바싹 마른 마당 / 떨어지는 / 여름 소리"(「近日」). 낯선

이국을 떠도는 늙은 거리의 악사가 부르는 노래처럼 쓸쓸하고 처량할까? "고향에서 온 편지를 열면/패랭이꽃이 피어 있고/늙은 가수가 노래를 한다"(「이국에서」). 망자가 부르는 죽음의 푸가인가? "그리고 죽음이 홀로 혼자 남은 다리 위에 서서/그 오래된 노래를 다시 부르고 있었다"(「저녁강변」). 사랑하는 연인을 향해 부르는 수인(囚人)의 연가인가? "시간의 섬에서/들리지 않는 노래여/이슬을/기억하는 마음이여/바다의 멜로디는/마음이어라"(「Unchanged Melody」).

쓸데없는 묘사와 수사의 곁가지들을 깔끔하게 쳐내고 사색과 명상의 운신 폭을 최대한 넓혀놓은 임선기의 시는 가벼운 만큼 리듬에 몸을 싣기 유리하다. 여기, 눈 내리는 밤바다를 회상하는 시인이 있다. 시인은 연상의 금욕주의자이다.

   눈이 내리겠지
   두고 온 바다
   해송은
   눈을 잠시 이겠지
   몹시도 차가운 바람과는
   사랑도 하겠지
   오래 걸어 들어가던 바다

아주 가지는 않고

어느 지붕 처마에서

다시 만나겠지

작은 창문 안에는

할머니와 손주가

겨울 무를 깎으며

세월도 없는 듯 앉아 있겠지

눈이 내리겠지 그곳에도

들리겠지

눈은 그곳으로 가는

문턱

세상으로 향하는

바다는 들리겠지

내가 듣는 이 노래

밤바다

누가 아직 밟고 있는

여운

—「노래」 전문

  하늘에서 눈이 내리는 모습처럼 시행을 짧게 끊어 수직으로 행갈이한 것이 눈에 띈다. 특히 총 24행 가운데 7회 출몰하는 동사어미 '겠지'("내리겠지"[1행], "이겠지"[4행],

"하겠지"[6행], "만나겠지"[10행], "있겠지"[14행], "들리겠지"[16/20행])와 각각 4회 나타나는 조사 "는"(5/11/17/19행)과 주제어 "바다"(2/7/20/22행)는 압운(rhyme)의 규칙성을 형성한다. 7회 반복되는 추측형 동사어미 "겠지"에는 시적 화자의 회상과 여운의 정서가 촉촉이 스며 있다. 시 전체를 결속하는 가장 낭만주의적인 음성으로 들린다. 한편 바다와 똑같이 "눈"(1/4/15/17행)이란 시어도 4회 출현한다. 바다가 주로 행의 뒤에서 각운을 조성한다면 눈은 행의 앞에서 두운(alliteration)을 만든다. 이 시의 핵심 이미지는 눈 내리는 겨울바다 풍경이다. 바다와 눈이 상응하듯이 두 단어의 등장 횟수도 사이좋게 조응한다. 앞에서 눈이 내리면 뒤에서 바다가 받는 형국을 재현한 것이다. 또한 7행에서 9행까지 연속적으로 출현하는 음소 /ㅇ/도 두운 고리를 형성하며 바다의 몽환적인 이미지를 음성적으로 증폭시킨다.

한편 이 작품에서는 동일한 가치를 지닌 음운이 반복될 뿐만 아니라 규칙적인 음절수를 가진 마디가 반복되면서 율격(metre)의 리듬이 발생한다. 총 24회 나타나는 2음절의 단어가 대세를 이룬다. (우연의 일치인지 모르지만, 이 시는 총 24행으로 이루어졌다.) 이 시의 주제 '여운'과 제목 '노래'가 2음절 어휘임을 고려하면, 그 잦은 나타남의 저의가 이해된다. 한편 세 마디 리듬에 기초한

행이 10회(2/4/5/8/9/11/13/15/17/21행), 두 마디 리듬이 6회(1/6/10/12/19/20행), 한 마디 리듬이 5회(3/16/18/22/24행), 네 마디 리듬이 3회(7/14/23행) 반복적으로 등장하면서 율격의 규칙성을 창출한다. 운율에 대한 시인의 이와 같은 지대한 관심은 의미 못지않게 음악성을 중시하는 시학적 태도에서 비롯된 것이다. 말하자면 「노래」는 어휘의 무리 속에서 사고의 무도(舞蹈)가 드러나는 로고포에이아(logopoeia)보다는 시에 내재한 음악성이 의미의 동향을 결정하는 멜로포에이아(melopoeia)에 가까운 작품이다.

앞서 말했듯이 가장 빈번히 출현하는 어미 "겠지"에는 시적 화자의 그리움이 배어 있다. 그렇다면 무엇에 대한 간절함인가? 시인의 마음이 지향하는 곳은 어린 시절 보았던 눈 내리던 밤바다의 풍경이다. 그래서 여기 지금 내리는 "눈은 그곳으로 가는/문턱", 즉 추억의 관문이다. 여기서 과거와 현재를 잇는 눈은 바다와 만나 노래한다. 눈송이들이 밤바다를 향해 타전하는 애절하고 공허한 선율! 차가운 겨울바다와 나누는 하얀 눈의 마지막 사랑은 절박하고, 바닷물에 닿자마자 가뭇없이 사라지는 눈송이의 운명은 간난하다. 그렇다. 추억은 아름답고 동시에 허무하다. 바로 이 지점에서 낭만주의 특유의 긴 여음(餘音)이 발생한다. "내가 듣는 이 노래/밤바다/누가 아직 밟고 있는/여운"바다와 눈의 극적인 짧은 만남이 남긴 긴 여운! 이 잔향이 바로 낭만주의 노래의 후렴이다. 시의 제목이 '노래'인 이유는 여기에 있다. 이처럼 임선기의 시는 노래가 될 때 완성된다. 그의 시학은 리듬을 통해 구현된다. 일찍이 공자는 "시로 일으키고 예로 세우고 음악으로 완성한다〔興於詩, 立於禮, 成於樂〕"(『논어』)고 말하지 않았는가.

동경

> 동경에 휩싸여 우리는
> 어둔 밤에 묻힌 태고를 본다
> ─노발리스, 「밤의 찬가」

임선기 시의 영토에는 동경의 깃발이 꽂혀 있다. 이 깃발은 '먼 곳에 대한 그리움'과 '고향에 대한 노스탤지어'라는 두 가지 상이한 기류가 길항하는 변증법적 역장(力場)에서 펄럭인다. 기지의 것에 미지의 위풍을, 유한한 것에 무한한 의미를 부여함으로써 세계를 낭만화하고자 하는 의지가 먼 곳에 대한 그리움을 발진시킨다. 그러나 이 동경의 이면에는 영원히 그곳에 이를 수 없다는 슬픈 자각이 낳은 멜랑콜리가 으밀아밀 그늘져 있다. 임선기 시에서 바다는 무한한 동경과 우울이 교

차하는 토포스이다.

> 두 눈 푸르게 멀어야 보이는
> 나는 바다만을 보고 있다
>
> ―「경포 1」 부분

> 바닷가에 서 있던 카페는
> 바다로 들어가버리고
> 남은 카페 속으로 들락거리던 것은
> 허무였다
>
> ―「월미도」 부분

한편 근원으로부터 분리된 존재가 최초의 통일성을 다시 지향하는 분열된 자의식의 비애가 고향에 대한 그리움을 구동시킨다. 고향은 가지에서 떨어진 낙엽 속에 있고, 먼 곳으로 갔다가 귀환한 탕자의 눈물 속에 있으며, 누군가를 호출하는 새벽 초인종 소리에 있다. 고향은 어디에도 있고 어디에도 없다. 편재하며 부재하는 역설이 그리움을 잉태한다.

> 길 하나가 크게 소리 내며
> 쏟아지고

나뭇가지가 은색 잎 하나를

건네준다

내가 그 속에서

고향을 보고 있다

—「겨울 2」 부분

고향은 갑문

추억을 풀어주고 제가 먼저 먼 바다로 가서

눈이 퉁퉁 불어 새벽이면 돌아온다

—「창영동」 부분

무슨 까닭인가

새벽 요비링 소리

잊히지 않고

잊을 수 없어라

—「고향」 부분

 여기서 주목할 사실은, 먼 곳에 대한 그리움과 고향에 대한 그리움이 삼투되는 지점에서 시인이 추구하는 낭만주의의 진정성이 발아된다는 것이다.

나는 아무리 걸어도 돌아올 수 없는 길 위에
있었던 것이다

—「저녁 강변」 부분

  시인에게 동경이란 이성의 빛으로 포착할 수 없는 미지의 세계로 가고자 하는 희망 없는 열망이자, 존재의 본향으로 돌아가고자 하는 채워지지 않는 욕망이다. 서로 반대 방향을 지향하는 두 그리움 사이에서 시인의 마음은 아프게 찢어진다. 그래서 임선기의 동경은 아득하고 아련하고 슬프다. 그의 동경이 낯선 곳으로 떠나는 여행객의 설렘과 친근한 품으로 돌아오는 귀향자의 기쁨으로 들떠 있지 않은 까닭이다.

침잠

> 박동하던 심장이 침묵 속으로 들어갈 때
> 아! 여기 꿈은 다시 거울이 된다
> — 루드비히 브렌타노, 「백조의 노래」

  임선기 시의 성정(性情)은 깊고 차분하다. 모름지기 내면에 대한 깊은 사색과 묵상은 시인의 덕목이나, 그만큼 마음을 가라앉혀 깊이 몰입하는 시인도 드물다. 세속적 삶과 거리를 둔 구도자적 묵상은 그의 시에 종교적 색채를 가미한다. 그렇다고 그의 시가 구원의 참회록이나 초월의 고백록인 것은 아니다. 그의 침잠에서는 내면세계의 신(神)과 시학의 본령을 향해 차분히 명상하는 로마네스크 예술수사(修士)의 초상이 읽힌다. 깊고 신비로운 거울이 시인의 내부 깊숙한 곳에 있다. 그리고 시인은 영혼의 심연에 자리 잡은 이 우물 속에서, 이 작은 내면의 동심원 속에서 물끄러미 밖을 본다. 내면의 신(뮤즈)을 통해 세계를 본다. 작은 불빛이 밝혀주는 세상을 본다. 그의 스밈은 현실로 나가기 위한 몰입인 것이다.

> 너는 작은 나무
> 작은 낙엽
> 덧붙일 무슨 말이 있어서
> 어제 새로 들어온 책들이
> 서점 유리창에 비치고 있다
> 나는 낙엽을 줍는다
> 낙엽의 문을 열고
> 낙엽의 말 속으로 들어가
> 불 끄고 눕는다
> 너는 작은 불빛
> 창에 비치는 구름 속에

'그'라는 말이 놓여 있다

—「너에게 2」 부분

 작은 나무가 현실 바깥쪽에 있는 시인의 외방(外房)이라면 작은 낙엽은 시인의 공방(工房)이다. 유용성과 효율성이 지배하는 자본주의 현실논리 밖에 거주하는 작은 나무가 떨어뜨린, 세상에서 작고 좁고 어둡고 가볍고 초라한 낙엽. 이 속으로 시인은 깊이 침잠한다. 물론 그가 구도자적으로 추구하는 대상은 말이다. 시인은 언어의 수사이고 시는 은자(隱者)의 예술이다. 그러나 이 낙엽 속에서 시인은 자신이 기구(祈求)하는 언어와 만나지 못한다. 시인이 천착하는 말은 낙엽 밖에 엄연한 삼인칭의 현실("그")로서 존재한다. "창에 비치는 구름 속에 / '그'라는 말이 놓여 있다". 이처럼 임선기 시인이 추구하는 침잠은 현실도피와는 거리가 멀다. 그의 침잠은 초현실과 현실을 매개한다. 현실의 창으로 외출하기 위한 내면으로의 잠입. 여기에 낭만주의의 진정성이 있다.

 또 한 장의 나뭇잎이 있다. 이번에는 제법 큰 잎이다. 시집의 대미를 장식하는 「한 장의 시—마그리트」의 전문을 읽어보자.

한 장 나뭇잎이 서 있다

나뭇잎은 벽

나무는 벽에 금이 되어 서 있다

나무 근처

벽에 금을 낸

둥근 돌이 놓여 있다

징검돌을 걸어가면 들판

커튼이 쳐져 있다

커튼을 열면 어디론가

갈 수 있을 것 같다

  낭만주의만큼 말과 이미지, 시와 그림 사이의 친연성을 확신한 사조도 없다. 낭만주의자에게 시란 '말하는 그림'이고 그림은 '말 없는 시'이다. 이들에게 풍경화는 농축된 시에 다름 아니다. 독일 낭만주의 풍경화가 카스파 다비트 프리드리히는 말한다. "예술가는 눈에 보이는 것뿐만 아니라 내면에 보이는 것도 그려야 한다. 만약 자신에게서 아무것도 보지 못한다면, 눈앞에 있는 것도 그리지 말아야 한다. 눈을 감으면 마음의 눈으로 최초의 심상을 보게 될 것이다." 일찍이 프리드리히는 낭만주의가 초현실주의와 회통할 수 있는 가능성을 열어놓았던 것이다. 초현실주의 시인 폴 엘뤼아르는 답한

René Magritte, La Géante, Graphite, 1936

다. "눈을 감아라! / 모든 것이 채워졌다."

「한 장의 시」는 낭만주의의 감성과 초현실주의의 실험이 아름답게 만난 사생시(寫生詩)이다. 시인은 초현실주의 화가 르네 마그리트의 흑연(黑鉛) 드로잉 〈거녀(La Géante)〉를 보고, 이 그림 속에 온축된 시를 자신의 언어로 풀어 쓴다. 사실 마그리트의 이 작품은 보들레르의 동명시 「거녀」에서 영감을 받아 그린 그림이다. 마그리트는 보들레르가 풍만한 젖퉁이의 그늘 아래서 태평하게 잠들기를 원했던 원시적 모성의 상징, 즉 관능적인 다산의 웅녀(熊女)로 묘사한 거녀(巨女)를 납작한 가랑잎 한 장으로 치환한다. 이미지의 배반을 통해 보는 이로 하여금 관습적인 사고의 일탈을 유도하는 마그리트 특유의 미학이 구현된 드로잉이라 하겠다. 겉으로 보기에는 일상적인 오브제를 그린 듯하지만, 이런 오브제들을 예기치 않은 문맥과 배경에 재배치함으로써 친숙했던 오브제에 새로운 의미를 부여하는 것이 그의 작품의 특징이다.

임선기 시인은 마그리트가 그린 한 장의 나뭇잎 앞에서 명상한다. 그리고 그 잎 속으로 내밀히 스며들기 시작한다. 가장 연약한 나뭇잎 한 장이 단단한 벽돌 장벽이 됐다. 이 담장을 뚫고 나갈 수 없어 답답함을 느낀다. 그러나 잎의 혈맥처럼 벽에 균열이 번지기 시작한다. 이 균열의 원인은 땅에 놓인 "둥근 돌"의 타격이었다. 이성의 논리를 뒤집는 이미지 반란의 징후가 엿보인다. 여세를 몰아 나무의 오른편에 놓인 징검돌을 딛고 장벽 너머의 새로운 세계("들판")로 진입하려 한다. 그 입구에 커튼이 쳐진 창이 있다. "커튼을 열면 어디론가 / 갈 수 있을 것 같다". 그렇다. 결국 잎 속으로 깊숙이 침투한 시인은 장벽을 넘어 들판으로 나갈 수 있으리라. 이 시적 돌파력은 낭만주의의 감성과 초현실주의의 환상이 만든 합작이다. 견고한 현실에 금을 내기 위해서 꼭 망치가 필요한 것은 아니다. 그 현실의 내부로 깊숙이 파고들어 미학적 내파(內波)의 가능성을 모색하는 것도 하나의 방법이다. 낭만주의의 혁명성은 여기에 있다. 마그리트가 보들레르의 거녀를 '한 장의 잎'으로 바꿨다면, 임선기 시인은 '한 장의 잎'을 '한 장의 시'로 바꿨다.

떠남

> 영혼은 지상에서 낯선 나그네이다.
> ─ 게오르크 트라클,「영혼의 봄」

임선기 시인은 겨울 나그네이다.

 그 겨울 은사시나무가
 떨림이
 저 숲에 있는가

 숲은 어둡고
 밝다

 눈〔雪〕 속에서 바라본다

―「나그네」 부분

 그는 숲의 이야기("떨림")를 들을 수 있고 숲의 표정("어둡고/밝다")을 읽을 수 있는 설원의 고독한 방랑자이다. 임선기에게 자연은 나그네의 실존적 고독을 받아주는 어머니 같은 역할을 한다. 이렇게 보면 그는 슈베르트의 감동적인 멜로디에 실려 널리 애창되어 온 독일 낭만주의 시인 빌헬름 뮐러의 「겨울 나그네」의 후예이다. 알다시피 방랑벽은 낭만주의자의 선천적 기질이다. 유자(遊子)에게 하늘은 정처 없는 방랑의 무한한 배경이다. "하늘은 멀리 가려던 시야처럼 / 후배지에 걸려 있다"(「풍경 3」). 그리고 바람은 시인의 영원한 길동무이다. "바람은 옛 나그네 / 미투리가 끝이 없다"(「너에게 2」). 바람의 시원에서 들려오는 멜로디는 시로 전신(轉身)한다. "지금 바람의 근원에서 / 시작하는 詩는 찬연하고 / 어두웁다"(「나의 가난」). 그리고 내리는 비는 나그네의 발길을 문장을 태어나게 해주고 떠나는 시혼의 두드림이다. "다시 빗소리 / 혼자 아득한 곳을 가고"(「비의 文章」). 시인이 목도하는 날아가는 새는 걸어온 시간을 궤적을 복기시킨다. "지나는 새 본다 / 지나온 세월 본다"(「漁夫歌」). 시인이 우러르는 구름은 미지의 땅을 가리키는 표지이다. "아무것도 향하지 않는 구름 끝은 / 불멸의 형식"(「낙수터에서」). 그리고 창공에 사금파리처럼 박힌 별은 방랑을 이끄는 형이상학적 좌표이다. "몇 억 광년을 가면 그대가 되어 떨고 있을 별의 / 손을 잡는다"(「산책에서」). 그렇다. 낭만주의 음유시인들에게 시의 권리가 보장되는 곳은 길 위의 고독이다.

하지만 둘의 방랑의 동기는 사뭇 다르다. 실연의 아픔과 현실에 대한 환멸이 뮐러의 나그네를 황량한 겨울 벌판으로 내몰았다. 뮐러의 나그네는 이렇게 탄식한다. "이제 온 세상은 슬픔으로 가득 차고 / 나의 길에는 눈만 높이 쌓여 있네"(빌헬름 뮐러, 「잘 자요」). 반면 임선기의 나그네가 여장을 꾸리게 된 동인은 존재의 기원에 대한 탐색과 예술의 본적(本籍)에 대한 동경이다. 시인은 파리 성(聖) 자크 거리에서 프로이트 박사가 머물던 여관과 발레리가 살던 집을 들러보고(「이국에서」), 반 고흐의 마을 오베르에서 "공터 같은 아이들 장난치는 소리"(「오베르에서」)를 듣는다. 경포로 넘어가는 대관령 옛길에서 "이백 년 전 / 구름을 넘어가던"(「경포 1」) 이율곡의 행적을 떠올리고, 시인의 선조인 백호 임제의 본관인 나주 영산강을 여일(旅逸)하며 문인의 길을 사색한다(「겨울 會津」). 그의 방랑은 실의와 굴욕에 빠진 이의 현실도피와는 거리가 멀다. 풍류를 즐기는 유객(遊客)의 한가한 유람도 아니다. 그렇다고 현실의 명리를 초탈한, "구름에 달 가듯이"(박목월, 「나그네」) 가는 달관의 나그네도 아니다. 그의 방랑은 지식인의 자아 찾기 순례이자 예술가의 형이상학적 편력이다.

뮐러의 나그네가 대면하는 보리수는 실연의 상처를 아프게 환기시키며 그를 영원한 안식의 세계로 안내하는 죽음의 나무다. "나뭇가지들이 살랑거리면서／꼭 나를 부른 것 같았네／친구여, 내게로 오라,／여기서 안식을 찾아라"(빌헬름 뮐러, 「보리수」). 반면 임선기의 행객(行客)이 마주치는 나무는 언어의 척도이자 세계의 거울이다. 요컨대 생명의 나무(arbor vitae)이다. "너는 말을 꺼내어／겨울나무에 비추어 본다"(「말 1」). 더불어 임선기의 나그네가 만나는 나무는 생의 모순을 캐묻게 만드는 철학의 나무이다.

> 삶에는 우연과 사건이 있고
> 모순이 있습니다
> 나무처럼 그렇지요?
> 가까운 묘원의 나무는 흰색인데
> 검은색입니다
> ─「모순─돈 보스코 사제관 신부님들에게」 부분

뮐러의 나그네는 길바닥에서 걸식하는 거리의 늙은 악사와 손을 맞잡고 눈이 펑펑 쏟아지는 풍경 속으로 비틀거리며 사라진다. "참으로 이상한 노인이여,／내가 당신과 함께 가드릴까요?／나의 노래에 맞춰／손풍금을 켜주지 않을래요?"(빌헬름 뮐러, 「거리의 악사」). 영국 낭만주의 시인 바이런의 시에 나타나는 죽음을 열망하는 영웅적 허무주의의 포즈가 읽힌다. 밀러의 나그네가 터벅터벅 걷는 길의 끝은 절망향(kakotopia)이다. 임선기의 나그네에게는 동행자가 없다. 풍경만이 호모 노마드(homo nomad)의 유일한 멘토이다. 그가 걷는 길의 끝은 애초부터 없다. 도중에 머무는 '아무르'가 있을 뿐이다. 아무르에서 시인은 편지를 띄운다.

> 이곳의 길에는
> 꽃이 없고
> 끝이 없고
> 길은 차라리 꽃을 멀리 한다
>
> 뙤약볕이 있고
> 외줄기 침묵만이 이어져 있다
> 너울거리는 연잎들
> 연꽃들과 갈 곳 없는 하늘들
>
> 아무르는 그런 곳이다
> 푸른 꽃이라고 말하면
> 벌써 붉은 꽃이다
>
> ―「편지 ― 아무르에서」 전문

아무르는 이상향이 아니다. '성(聖) 아무 데도 없는 나라'(utopia)의 이름이 아니다. 그렇다고 아프로디테의 숭배지인 사랑(amour)의 제국 키테라(Cythera)도 아니다. 아무르는 무한(無限)의 영토이자("끝이 없다") 고요의 수도원이다("외줄기 침묵만이 이어져 있다"). 아무르는 현실에 존재하면서 동시에 부재하는 혼재향(混在鄕)이다. 말하자면 현실의 '또 다른 곳'(heteropia)이다. 현실과 초현실이 병존하는 이 역설의 땅에선 지시된 대상과 실재하는 대상 사이의 논리적 관계가 무화된다. 기표와 기의가 하나의 의미로 고착되지 않고 둘은 부단히 미끄러진다. 아무르는 그런 곳이다. "푸른 꽃이라고 말하면/벌써 붉은 꽃이다". 그렇다. 말이 기표와 기의로 분리되기 이전의 땅이 아무르이다. 언어의 시원이자 시의 배지(胚地)가 아무르의 정체이다. 그래서 아무르에서 언어는 사물을 조건 짓는 표지가 아니라 사물을 사물로서 현존하게 한다. 존재하고 있다고 생각하는 것을 표현하기 위한 수단으로서의 언어를 포기해야만, 말하자면 언어를 자신의 지배 아래 두겠다는 오만한 생각을 단념하고 묵언수행해야만 비로소 입성할 수 있는 나라가 아무르이다. 하이데거의 표현을 빌리자면 "유일한 시는 말해질 수 없는 것 가운데 머물고 있기 때문이다"(「시에 있어서의 언어」). 요컨대 아무르는 낭만주의 언어학의 심상지리(心象地理)적 중심이다. 시인은 이곳을 여일히 동경하고 영원히 사랑한다. 그래서 이곳이 아무르(amour)이다. 아무르는 그런 곳이다. 일찍이 아무르를 방문한 시인 슈테판 게오르게(Stefan George)는 이렇게 노래했다.

> 이리하여 나는 슬프게도 체념을 배웠다
> 언어가 없는 곳에 사물은 존재하지 않으리라는 것을
> ―「언어」 부분

머무름

> 머무는 것은 그러나, 시인들이 짓는다.
> ―프리드리히 횔덜린, 「회상」

임선기 시인은 가다가 문득 머문다. "겨울 공원/오후/낯선 客의 말이 저만치 가다가/문득 돌아서서 바라보는"(「눈〔雪〕의 처음과 끝―본느푸아」). 멈춤은 '돌아서 바라보는' 회상의 능력이다. 아무것도 간단히 사라지지 않는다. 지나가는 모든 것은 흔적을 남긴다. 신은 사라지면서 심판을 남긴다. 풍경은 스쳐 지나가면서 시를 남긴다. 아킬레우스가 호머에 의해서 영원불멸의 영웅이 되듯이, 어떤 대상도 그것을 노래하는 시인이 없이는 가뭇없어질 수밖에 없다. 시적 회상으로 인해 형성되는 의식의 총체적 표상만이 머무는 것을 만들어낸다. 머무름의 의미를 철학적으로 사색한 시인이 프리드리히 횔덜린이다. 그는 시 「회상」(1803)에서 세계를 행동, 사랑, 시인의 영역으로 나눈다. 부단한 사건들로 점철된 행동의 영역에서는 '기억을 주고 뺏는' 무의미한 부침(浮沈)이 일어나는 탓에 어떠한 머무름도 허락하지 않는다. 따라서 행위의 영역은 부질없고 공허하다. 사랑의 영역은 대상을 고정시킨다. 사랑하는 자는 자신의 눈길 속에 타자를 영원히 부여잡으려 한다. 영속적 고착은 진정한 머무름이 아니다. 그래서 시인은 시를 이렇게 마무리한다. "머무는 것은 그러나, 시인들이 짓는다." 인간의 행동은 멈춤을 모르는 욕망의 연쇄반응이고, 사랑은 개별적인 대상에 머물게 한다면, 시인은 회상에 의한 머무름을 통해 의미의 지평을 총체적인 차원으로 확대한다는 것이다. 그래서 시인은 "과거를 향한 예언자"(하인리히 하이네, 『낭만파』)가 된다.

한 시인의 영혼을 투시하기 위해서는 작품 속에 가장 빈번하게 등장하는 단어들을 찾아야 한다. 임선기의 시집에서 자주 등장하는 단어군은 머무름과 연관이 있다.

너의 얼굴은 멀리 달아났다가 다시 걸린다
―「너의 얼굴」부분

머뭇거리는 너의 발걸음
―「近日」부분

가다가 멈춘 사람
―「구례에서」부분

머물고 있다는 말이 적혀 있습니다
―「모순」부분

나는 너의 속에 잠시 머물러 본다
―「목련」부분

어디론가 가다가 걸리고 머뭇거리고 멈추고 머문다. 이처럼 시인은 질주하는 시간의 흐름 속에서 잠시 정지한다. 멈춤의 능력은 회상의 능력이다. 앞으로 줄달음치는 현실의 시간을 단재(斷裁)하는 기억을 통해 시인은 멈춘다. "시간을 운구하는 손이여/마름질하는 기억이여"(「풍경 2」). 자아의 넓이와 마음의 폭에 맞도록 시간을 잘라 재단하는 일이 시 쓰기의 요체이다. 머무는 것을 시인이 짓듯이, 시는 시간과 마음을 멈춘다.

　　시간을 잠시 멈출 수 있을까 마음을 잠시 멈출 수 있을까
　　마음을 잠시 멈춘다
　　시가 그것을 가능하게 하리
　　　　　　　　　　　　　　　　　　　　―「최하림」 부분

　그렇다. 시는 기억의 전령사이다. 시를 만나면 시간이 멈추고 시간이 머뭇거릴 때 시가 온다. 시가 반짝인다.

　　시를 만나면 시간은 멈추고
　　마침내 너의 웃음을 만나면
　　시간의 바깥이 들판으로 오고
　　들판 가득 그림자 내려와
　　저녁이 춤추고
　　시를 만나는 날은
　　길가
　　어둠 속에 둘이 앉아 아무 말 없이
　　시간이 천천히 흐르며 바라보고 있을 때
　　　　　　　　　　　　　　　　　―「시가 반짝이고 있다」 전문

　시는 속절없는 시간의 맹목적인 질주 속에서 존재의

머무름에 정당성을 부여하는 유일한 형식이다. 말라르메의 편지 한 대목이 떠오른다. "시란 실존의 겉모습 뒤에 숨겨진 신비한 뜻을 자신의 본질인 운율의 언어를 통해 표현한 것이다. 시는 그래서 현세의 머무름에 정당성을 부여한다."(『서한. 레오 도르페에게』)

그리고 이 머무름에서 그리움은 사랑으로 완성된다. 이 휴지(休止)의 지점에서 시작과 끝, 밝음과 어둠, 순간과 영원, 부분과 전체, 과거와 현재가 만나 서로 이룰 수 없는 사랑을 이룬다. 그러므로 머무는 것은 무의미한 지속도 가치의 경화도 아니다. 머무름은 사랑의 모순이 지양되면서 잉태되는 역동적인 사태인 것이다. 낭만적 동경과 사랑의 본질을 이보다 더 아름답게 형상화한 시를 만나기는 쉽지 않을 것이다.

> 비 온다
>
> 언제나 첫 비
>
> 가슴에서 오는 비는
>
> 언제나 첫 비다
>
> 새벽에 어둠에
>
> 대낮처럼 멀리 떨어지는 비
>
> 불 켜지 말고 들어야 듣는 비
>
> 온다

이 시각 누가 비탈을 오르는가

비탈이 비탈이 되는 이 시각

다시 빗소리

혼자 아득한 곳을 가고

세상의 모든 차양을 두드리면서도

단 하나의 차양을 위한 비

온다

사랑의 定意는 사랑에

오래 있어야 한다

—「비의 文章」 전문

육각형

> 모든 인간에게는 자신의 인생의 내적인 지도인
> 이러한 눈송이가 있어야 한다.
> —오르한 파묵, 『눈』

　임선기 시집 『꽃과 꽃이 흔들린다』가 구축한 낭만주의의 육각형의 특징을 정리해본다. 낭만주의 육각형은 벌집이자 별이고 볼트이자 눈의 결정체이다.

　첫째, 형식과 내용의 통합(벌집). 육각형을 양분하는 수평축의 두 점[①순수, ②리듬]이 임선기 시의 시학적

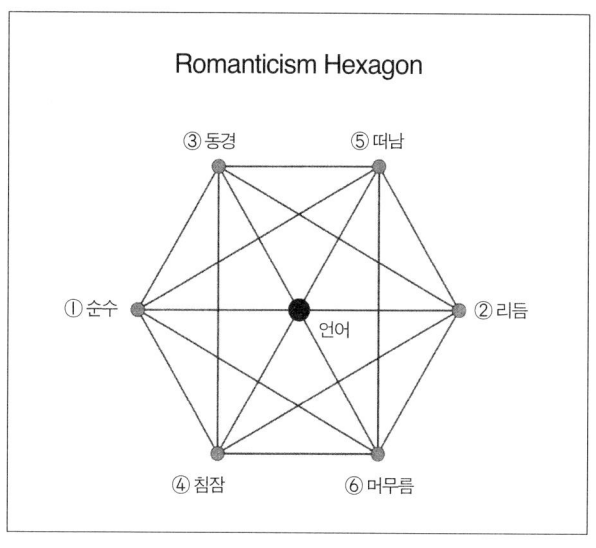

형식을 규정한다면, 이 수평축 상하에 놓인 네 점[③동경, ④침잠, ⑤떠남, ⑥머무름]은 시의 구체적인 내용을 이룬다. 형식과 내용의 이 긴밀한 변증법을 통해 낭만주의 큐브는 벌집 같은 조밀한 짜임새를 확보한다.

둘째, 대립의 긴장(별). ③동경과 ④침잠은 육각형 상하에서 상치한다. 내부에서부터 밖으로 뻗는 동경의 원심력과 세계에서 자아로 수렴되는 그리움의 구심력이 통섭됨으로써 사실과 환상, 현실과 초현실 사이의 모순 감정인 '낭만적 반어'가 유발된다. ⑤떠남과 ⑥머무름도 서로 대립한다. 방랑과 머무름, 연속과 휴지의 부단한 길항을 통해 무한성을 향한 '낭만적 자유'가 보장된다. 이처럼 상호 이질적인 방향의 힘들로 팽팽한 긴장이 유지되는 낭만주의 육각형은 별처럼 빛난다.

셋째, 친화력(볼트). 가령 육각형의 상단부 윗변을 구성하는 두 점 ③동경과 ⑤떠남이 방랑의 동인과 결과라는 측면에서 어깨동무한다면, 하단부의 밑변에 위치한 두 점 ④침잠과 ⑥머무름은 내적 성찰과 회상을 위해 의기투합한다. 이처럼 상호 인접성의 친화력으로 낭만주의 육각형은 육각볼트처럼 견고해진다.

넷째, 언어(눈 결정체). 낭만주의 육각형은 이번 시집의 핵심 모티브인 눈의 결정체를 상징한다. 1) 눈은 순수한 언어의 동공(瞳孔)을 상징한다. 2) 눈〔雪〕은 눈〔眼〕이다. 3) 눈은 언어의 리듬을 세계에 타전한다. 4) 눈은 "아주 먼 데서 누가 던진 기호"(「풍경 3」), 즉 말의 기표이다. 눈 속에서 말이 태동한다. 5) 눈은 모든 미래의 가능성을 잠재한 언어의 백지이다. 6) "눈은 그곳으로 가는 / 문턱"(「노래」), 말하자면 시의 나라로 들어가는 입구이다. 이처럼 낭만주의 육각형의 여섯 변은 눈을 대변한다. 그리고 이 결정체의 중점에는 말의 시원을 발음하는 언어가 있다. 요컨대 임선기 시학을 구동시키는 세계축(axis mundi)은 언어이다.

육판화(六瓣花)

> 말의 존엄성에 대한 인정이란, 꽃이라는 언어를 통해서
> 우리 인간의 가장 고유한 내적 본질을 명예롭게 하는 일을 의미한다.
> ─슈테판 말라르메

임선기의 『꽃과 꽃이 흔들린다』는 낭만주의의 본령이 가장 낭만적인 언어로 현재화한 시집으로서 한국 문학사에 기록될 것이다. 그의 시세계는 한국시단에서 흔히 낭만주의와 동격으로 오해하고 혼동하는 무책임한 감상의 분출로 얼룩져 있지 않다. 낭만적 풍류로 들떠 있지도 않고 낭만적 달관으로 현실을 놓아버리는 법도 없다. 그렇다고 현재에 대한 병적인 환멸로 인해 과거로 탈출하려는 무모한 시도는 언감생심이다. 표면적으로 보자면 임선기의 시는 지극한 섬세함과 고요함, 절제된 단순함과 순수함 속에 세상의 만상이 놓여 있는 한 폭의 수채화를 연상시킨다. 하지만 이 풍경화의 내면에는 언어와 예술에 대한 시인의 강한 자의식과 현실에 대한 치열한 윤리의식이 오롯하다. 그의 시는 슐레겔이 선언한 "세계는 낭만화되어야 한다."는 급진적인 미학적 이상을 품고 있는 것이다. 슐레겔은 낭만주의 시의 목적이 "시를 사회적이고 살아 있는 것으로 만들뿐만 아니라 세계와 삶을 시적으로 만드는 것"(『아테네움 단상』)이

라고 말했다. 임선기 시인은 이러한 낭만주의 미학을 고도의 압축된 언어로 형상화하는데 주력한다. 그러나 어쩌면 이 일은 부단히 완성을 유예하는 미완의 기획일지 모른다. 시인도 저간의 사정을 직시하고 있다.

여기 지금 낭만주의란 무엇인가? 낭만화될 수 있는 모든 가능성을 폐기시키는 합리적인 산문의 시대가 세계를 호령하고 있지 않는가? 헤겔이 진단했듯이 예술의 정오는 이미 지났는지 모른다. 흰 돛을 달고 바다를 가르던 낭만주의 범선이 사실주의 갈색 증기선에 의해 예인된 지 이미 오래전이다. 18세기 계몽이성과 고전주의의 지나친 확대에 맞선 진보적인 미학적 대안이었던 낭만주의는 오늘날 정치적 복고의 이데올로기로 곡해되거나 낙후된 감수성의 사조로 치부되기 일쑤다. 이런 엄연한 현실 앞에 임선기 시인은 외롭게 서 있다.

> 산문의 시대에
> 역설적이게도 그래서 시가 빛나는 시대에
> 이름 앞에 꽃 한 송이 올린다
> 산문적으로 그러나 꽃의 바람을 엮어서
> 음악 없이 음악을 줄이고
> 들판에 나가 흔들리는 꽃 앞에
> 올린다

죽음 가까이 그러나 죽음 아닌 고요가

머무르고 바람으로 움직이는 벌판

꽃과 꽃이 흔들린다.

—「弔詞」 전문

  시인은 낭만주의의 죽음 앞에 헌화한다. 하지만 그가 바친 조가(弔歌)에는 낭만주의 본령의 현대적 갱신에 대한 미학적 결의가 약여(躍如)하다. 시인은 들판에 핀 낭만주의의 '푸른 꽃' 앞에 애도의 꽃 한 송이를 올린다. 이 꽃의 이름은 현실에 없다. 굳이 유추하자면, 말라르메가 추구했던 말의 위의(威儀)가 훼손되지 않은 '순수관념의 꽃'과 흡사하리라. 아마도 이 야생화는 꽃잎이 여섯 장인 육판화를 닮았으리라. 어쩌면 별꽃(stellaria media)일지도 모른다. 이 꽃 앞에 헌화하자 꽃과 꽃이 흔들린다. 산문의 시대에 역설적으로 환하게 빛나는 맨얼굴처럼 꽃과 꽃이 흔들린다. 바람의 리듬을 타고 꽃과 꽃이 흔들린다. 침잠과 동경이 지양(止揚)되는 들판에서 꽃과 꽃이 흔들린다. 떠남과 머무름이 교차되는 벌판에서 꽃과 꽃이 흔들린다. 요컨대 죽음 가까이에서도 낭만주의 정신은 나볏이 살아 숨 쉬고 있는 것이다. 꽃과 꽃이 흔들린다.

문예중앙시선 021
꽃과 꽃이 흔들린다

초판 1쇄 발행 | 2012년 9월 28일

지은이 | 임선기
발행인 | 김우석
제작총괄 | 손장환
편집장 | 원미선
책임편집 | 박성근
마케팅 | 공태훈, 김동현, 신영병

디자인 | 오필민디자인
인쇄 | 영신사

발행처 | 중앙북스(주)
등록 | 2007년 2월 13일 (제2-4561호)
주소 | (100-732) 서울시 중구 순화동 2-6번지
전화 | 1588-0905
홈페이지 | www.joongangbooks.co.kr

ISBN 978-89-278-0372-0 03810

ⓒ René Magritte / ADAGP, Paris - SACK, Seoul, 2012

- 이 서적 내에 사용된 일부 작품은 SACK를 통해 ADAGP와 저작권 계약을 맺은 것입니다.
  저작권법에 의하여 한국 내에서 보호를 받는 저작물이므로 무단 전재 및 복제를 금합니다.
- 이 책은 중앙북스(주)가 저작권자와의 계약에 따라 발행한 것으로서 저작권법으로
  보호받는 저작물이므로 무단 전재와 무단 복제를 금지하며, 이 책 내용의 일부
  또는 전부를 이용하려면 반드시 저작권자와 중앙북스(주)의 서면 동의를 받아야 합니다.
- 잘못된 책은 구입처에서 바꾸어드립니다.
- 책값은 뒤표지에 있습니다.